Papa,

c'est quoi le ZIZI ?

Maman,

c'est quoi l'Amour ?

Les éditions ALiASetc...

se déclinent en quatre collections dont les symboles e, t, c ...

constituent la signalétique :

La collection « éthique & enquêtes »

La collection « tendances & témoignages »

La collection « croquis & carnets »

La collection « l'air du temps »

ISBN : 2-84726-048-X

Pierre Chavot

Papa, c'est quoi le ZIZI ? Maman, c'est quoi l'Amour ?

Illustrations PINTER

ALiAS etc ...

99 bis, avenue du Général Leclerc

75014 PARIS

" L'éducation sexuelle n'est pas
que l'éducation à l'acte reproductif !
C'est une éducation qui se fait tous les jours de la vie,
on peut dire depuis le début de la vie."

Danielle Marie Lévy. François Dolto

Aux éditions Mercure de France *Parler juste aux enfants*

Sommaire

- Papa, c'est quoi le ZIZI ?,
Maman, c'est quoi l'Amour ? p. 9

- Comment vient l'Amour et comment aime-t-on ? p. 11

- L'Amour entre grandes personnes p.23

- Aimer et faire l'amour ? p. 35

- On parle d'homosexuels, c'est quoi ? p. 55

- Mais, pourquoi la sexualité a-t-elle
une si grande importance ? p. 63

- L'inceste p. 69

- La pédophilie p. 71

- Le viol p. 73

- Et si on résumait ce que l'on vient de se dire ? p. 74

Dans cette collection :

Papa, maman, vous ne vous aimez plus... et moi dans tout ça ?
FANNY COHEN HERLEM, PÉDOPSYCHIATRE

Papa, maman, pourquoi je dois aller chez le Psy ?
FANNY COHEN HERLEM, PÉDOPSYCHIATRE

Papa, maman, c'est quoi la drogue ?
JEAN-CLAUDE MATYSIAK, PSYCHIATRE

Papa, c'est quoi le ZIZI ? Maman c'est quoi l'Amour ?

L'amour est sans doute le sentiment le plus important de l'humanité, et depuis toujours. Il ne disparaît pas avec la mort. Sans lui, il y a la haine, l'indifférence, donc la guerre, l'incompréhension de l'autre. Grâce à lui, il y a l'entente et d'autres sentiments, le mariage et la naissance d'enfants, donc la vie. Il se manifeste sous plein de formes différentes. Il peut exister sans qu'il y ait de sexe, entre amis ou frères et sœurs par exemple.

Dans les religions, on en parle beaucoup pour montrer combien on s'intéresse à tout ce qui vit. Tu peux aussi aimer (le sens de ce verbe diffère alors) ton chat et ton chien, une maison ou un sport, un livre ou un plat de cuisine. Il est partout et indispensable. Et si tu veux le savoir, l'amour est l'un des trois mots français, avec délice et orgue, qui est masculin au singulier et féminin au pluriel. On dit un amour d'enfance et les grandes amours de la vie. Ça aussi, c'est un de ses charmes qui révèle sa complexité auprès des deux sexes.

Comment vient l'Amour et comment aime-t-on ?

L'amour dont nous allons parler ensemble est celui qui unit deux personnes, quel que soit leur âge, et qui les conduira à l'acte sexuel à propos duquel on dit d'ailleurs " faire l'amour "... Il est sûrement le plus fort de tous les types d'amour que tu viens de passer en revue. D'abord parce qu'il procure des sensations physiques particulières ; ensuite parce qu'il peut décider d'une partie de ta vie ou de toute ta vie ; enfin, parce que cet amour-là " donne des ailes ", dit-on.

Comment sent-on qu'on est amoureux ?

C'est la grande question. Les scientifiques ont essayé de savoir si le corps se transformait, si le cerveau se mettait à changer, etc. En fait, la manière dont l'amour, est, pour chacun d'entre nous, différente. On ne peut pas être amoureux comme l'autre, car on ressent les choses en fonction de nos goûts, de notre éducation, de notre personnalité, de notre sensibilité. En tout cas, il y a une certitude : l'amoureuse et l'amoureux sont attirés par l'autre, et on éprouve une sensation physique très forte à son contact. Parfois, le cœur se met à battre plus vite, on a des frissons délicieux, et lorsque l'être aimé n'est pas là, on pense très souvent à lui. Demande à tes parents de te parler de leur rencontre et de leur amour, et tu verras qu'ils ont connu cette situation, et qu'il y a toutes les chances qu'ils la vivent encore.

Et comment vient l'amour ?

Par une rencontre, bien sûr, au travail, au lycée ou à l'université, au cours de loisirs, comme la musique ou le sport. L'amour peut venir brusquement, et il est parfois tellement fort qu'on parle d'un vrai " coup de foudre ". Ou bien il peut venir après, et même tard. Il arrive, et j'ai des cas autour de moi, que des personnes se connaissent pendant des mois, même des années, et qu'un jour, ils tombent amoureux l'un de l'autre. Ce n'est pas exceptionnel. L'important est de s'aimer, et de ne pas refuser l'amour même s'il apparaît aussi tard.

Mais alors, est-ce qu'il y a un modèle de l'amour ?

Certainement pas. Il faut se méfier des histoires d'amour, un peu schématiques, que présentent le cinéma et la télévision. Ces histoires, même lorsqu'elles reposent sur des cas réels, sont faites pour

faire rêver, distraire, ou poser des questions lorsqu'elles finissent mal. Sur Internet, par ailleurs, tu dois aussi faire attention aux échanges qui ne présentent pas le vrai visage de l'amour. Les gens qui dialoguent sur la toile et tombent amoureux à distance sont presque toujours déçus quand ils se rencontrent. Rien ne vaut la personne en face de soi.

Peut-on être amoureux quand on n'a pas beaucoup d'argent ?

Oui, bien sûr. L'amour n'est pas réservé qu'aux riches. Tous les êtres humains peuvent rencontrer l'amour. Les enfants élevés dans une famille sans trop de moyens, mais qui ont été entourés d'amour et de respect, peuvent réaliser des choses, réussir de belles carrières professionnelles, et trouver l'amour. Les exemples sont nombreux. En revanche, il faut savoir que l'amour est plus difficile à naître si l'on ne vit pas correctement. Nous savons que, depuis toujours, la misère et la faim empêchent d'aimer suffisamment.

Si tout le monde a besoin d'amour, un enfant peut-il être amoureux ?

Tout à fait, et on reconnaît aujourd'hui que des enfants peuvent vivre de vraies histoires, mais dans ce cas les moteurs amoureux sont différents et le désir y est absent. Ils ne peuvent pas encore " faire l'amour ", cet acte magnifique n'est possible qu'à partir de l'adolescence. Nous en parlerons plus loin.

Mais, adulte, peut-on aimer quelqu'un de plus jeune et même de beaucoup plus jeune ?

Là aussi, les exemples ne sont pas rares. Je ne parle pas d'une différence d'âge de quatre ou cinq ans, mais de dix, vingt et même plus. Je ne parle pas non plus des cas où un homme âgé et une femme jeune ont cette relation par intérêt. Aimer quelqu'un de quarante ans quand on en a vingt, pourquoi pas, car l'amour ne fixe pas de limite en années. Les véritables amours entre générations différentes sont en général choisies clairement, car il n'est pas évident, pour le plus jeune, d'accepter que l'autre vieillisse avant, et que son corps ne soit pas celui d'un ou d'une partenaire de son âge.

D'autre part, aimer un homme ou une femme plus âgé, est souvent considéré comme la recherche d'un père ou d'une mère, il s'agit, ici, du fameux complexe d'œdipe

Est-ce qu'on peut aimer deux personnes à la fois ?

On a l'habitude de considérer qu'il n'est pas possible d'aimer deux personnes, ce n'est, en effet, pas du même amour. Il arrive qu'une femme ou un homme, jeunes ou non, aiment deux personnes à la fois, puis aient deux maisons : on parle alors de " double vie ". Il est également possible d'avoir deux partenaires, ou plus, avec lesquels ont n'habite pas forcément. Dans tous ces cas, l'amour peut être vrai, mais difficile, car c'est compliqué de se partager. Ce qui compte, c'est se respecter.

Par ailleurs, la notion de monogamie (une seule femme ou un seul homme) repose, dans notre société, sur des valeurs occidentales et historiques liées en grande partie par notre éducation religieuse. On peut cependant trouver, dans d'autres cultures, plusieurs épouses légitimes (Afrique, Maghreb, etc.)

Si on ne peut pas se partager, les parents peuvent-ils aimer tous leurs enfants ?

Tu l'as compris, l'amour des parents entre eux et celui que les parents ressentent pour leurs enfants n'est absolument pas le même amour. Dans ce cas, il s'agit d'un amour sans acte sexuel et d'un sentiment que l'on dit " viscéral ", parce qu'il est lié à la vie donnée. L'adoption, autre cas, présente d'une autre façon l'amour que des parents peuvent offrir à un enfant qui n'est pas né de leur propre amour. Tu sais, je suis père, et, quand mon premier enfant est né, je me suis posé la question : pourrai-je autant aimer le suivant ? Je t'assure que, dans le cas des parents, l'amour ne se partage pas, il se multiplie. Le cœur est heureusement assez grand pour y loger tous ses enfants naturels ou adoptés.

C'est vrai aussi pour l'amour entre frères et sœurs ?

Des frères et des sœurs ont forcément des liens très forts, l'amour qu'ils ont entre eux est encore différent. Ils ont, en principe, été élevé ensemble, ont joué, partagé des moments de joie. Ils ont rêvé ensemble et partagé des secrets. Tout cela fait qu'ils restent très proches même si la vie et les caractères peuvent les séparer un jour ou l'autre. Ils conservent toujours au fond d'eux le sentiment d'être liés par cette enfance commune et par l'appartenance à une famille, un clan, une sensation marquée en eux et dont on ne peut pas se défaire. Nous assistons, également, dans le cas des familles recomposées, au fait que des enfants issus de parents différents et qui vivent ensemble, se créent des liens de frères et sœurs tout aussi forts.

JE L'AI CROISÉ UNE FOIS DANS LE METRO ET J'AI DÉCIDÉ D'ALLER HABITER AVEC ELLE ...

L'Amour entre grandes personnes

Quand deux adolescents s'aiment, leur vie change. Ils peuvent s'engager dans une relation longue, et devenus majeurs (à partir de 18 ans), décider d'habiter sous le même toit. Cet amour dépend alors de la personnalité de chacun, de leurs métiers, des conditions de vie, du fait d'avoir ou non des enfants. Il peut durer très longtemps ou bien se terminer un jour, après dix ou vingt ans de vie commune. Au cours de cette existence partagée à deux, il faut apprendre à s'aimer tout en vivant ensemble, en s'occupant du ménage et des affaires courantes... Bref, tu remarqueras que l'amour entre grandes personnes est une drôle d'entreprise.

L'amour entre grandes personnes est donc difficile ?

Non et oui, encore une fois. Parfois, le couple choisit, tout en continuant la relation d'amour, de vivre dans deux lieux séparés, quelquefois dans la même maison. Mais c'est rare. Le plus important, dans cet amour, est de pouvoir partager l'intimité, c'est-à-dire du temps passé ensemble, tout en étant indépendant, donc de laisser à l'autre sa liberté de penser et d'agir. Il arrive, bien sûr, que certains soient jaloux, ce sentiment, qui détruit, est alors souvent dû à une peur et un manque de confiance en soi plus qu'en l'autre. De toute façon, quand quelque chose du comportement de la personne aimée nous a déplu, il faut lui en parler. Souvent, par peur de blesser, on se tait, alors que le dialogue est capital dans une relation d'amour : garder pour soi des déceptions ou des contrariétés ne fait que l'user. Il est important de se parler pour se comprendre. C'est vrai, vivre ensemble n'est pas toujours facile, mais c'est formidablement enrichissant quand l'amour est toujours présent.

Alors, on peut vivre ensemble sans se disputer ?

À force de vivre ensemble, on apprend à se connaître et à connaître l'autre, donc à accepter des choses et des décisions qui ne font pas totalement partie de nos choix. Il y a aussi les toutes petites contrariétés du quotidien qui agacent, et les disputes sont presque toujours des questions de détail : une chaussette qui traîne, un rasoir ou un vêtement mal rangés, etc. D'autres disputes sont plus graves, et arrivent quand l'amour n'existe plus, ou pour d'autres raisons. Mais c'est une autre histoire dont nous parlerons plus loin... Je peux simplement te dire qu'une dispute entre grandes personnes ne doit pas avoir lieu, si possible, devant les enfants. C'est une affaire entre adultes, et si, à cette occasion, une décision est prise, alors on doit l'expliquer aux enfants sans oublier de donner l'avis des deux parents.

Pourquoi les parents décident-ils d'avoir un enfant ?

Un couple a envie, naturellement, d'avoir un enfant, et le décide, il est actuellement très facile de "programmer sa naissance". C'est comme ça, l'être humain possède l'instinct de reproduction, comme partout dans la nature ; il a besoin de donner la vie et d'entourer ses enfants de tous les soins et de l'amour possible. Il a envie de transmettre ce qu'il a reçu, et prolonge, ainsi, sa vie en donnant à son tour la vie.

Pourquoi les parents ne disent-ils pas tout à leur enfant ?

Toi-même, tu as des amis et des parents à qui tu ne dis pas tout, ce sont tes secrets que les autres ne comprendraient pas. C'est la même chose pour les parents qui ne peuvent pas tout partager avec leurs enfants, et tout n'intéresse pas les enfants, surtout quand ils sont petits. Rappelle-toi toujours que l'amour est le grand chef d'orchestre de la relation du couple, mais aussi entre les parents et l'enfant, même avant sa naissance.

On peut s'aimer physiquement quand on attend un enfant ?

Bien sûr, les parents peuvent faire l'amour pendant la grossesse, à condition que la mère le supporte, et parfois, il est nécessaire d'avoir les conseils du médecin. Longtemps, les pères ont eu l'impression d'être à l'écart de cette période de neuf mois, l'enfant étant surtout en contact avec la mère qui le nourrit, le berce et le porte, autant de manifestations de son amour. On le sait maintenant, il perçoit aussi les sons, comme la musique. Nous savons également que les pères peuvent établir une véritable relation avec l'enfant, pour lui exprimer leur amour et leur présence : avec, par exemple, l'haptonomie (du grec hapsis " toucher ", nomos " science ", haptein " je soigne "). J'ai eu la chance de pratiquer cette technique, c'est extraordinaire. En mettant les mains d'une certaine manière sur le ventre de la maman, on peut entrer en communication avec l'enfant qui répond ! On peut aider la mère à placer son corps pour ne pas avoir mal ou à se préparer pour l'accouchement.

Et après la naissance du bébé ?

Quand un père a assisté à l'accouchement, ce qui se fait beaucoup, il peut avoir du mal à désirer sa partenaire. La plupart du temps, la femme a, elle, besoin de temps pour que son corps soit à nouveau prêt à aimer. Les nouveaux parents ont besoin de prendre du temps pour eux, pour se redécouvrir, ce qui n'est pas toujours facile car la venue d'un bébé bouleverse le rythme des journées et des nuits ! Il faut prendre son temps ; si la difficulté persiste, les parents peut consulter un spécialiste (sexologue, psychologue).

Et on doit forcément être mariés pour avoir des enfants ?

Non, ce n'est pas nécessaire, et on peut avoir des enfants sans vivre ensemble ou en vivant en " concubinage ", c'est-à-dire ensemble et sans être mariés, ce qui est important, c'est qu'un enfant connaisse ses deux parents, il en sera plus heureux et équilibré. Avant, tes grands-parents se mariaient, la plupart du temps, " pour la vie ", et l'idée d'une séparation du couple était rare. Quand l'amour s'était échappé, on vivait tant bien que mal. Aujourd'hui, les choses sont différentes. Les gens se marient toujours, et divorcent plus facilement. On a le droit de s'être trompé et de recommencer sa vie.

Bien sûr, chaque cas est différent, mais le mariage est, une manière très symbolique de marquer l'amour que se portent deux personnes, une sorte de feu d'artifice si tu veux. Le mariage civil (à la mairie) est obligatoire, c'est une formalité administrative, comme la déclaration d'une naissance par le père. À cela, vient s'ajouter, si on le désire, le mariage religieux. Le mariage permet aussi d'avoir des avantages en matière, par exemple, d'impôts ou de protection sociale, ce que les gens vivant en concubinage n'avaient pas, jusqu'à l'apparition récente du PACS.

Papa et maman parlent du PACS. Qu'est-ce que c'est ?

Tu remarqueras que le " PACS " se prononce comme pax, la " paix " en latin. Il s'agit du PActe Civil de Solidarité. C'est un " contrat conclu entre deux personnes majeures [plus de 18 ans], de sexe différent ou bien de sexe identique, pour organiser leur vie commune. " Il ne faut pas être marié, ni être parents proches (parents et enfants, frères et sœurs par exemple). Par le PACS, les deux personnes se mettent d'accord sur la manière de s'aider, notamment financièrement, ce qui est important quand l'un d'eux est malade ou décède. Ils ont quasiment les mêmes droits en matière d'impôts que les gens mariés. Autre cas, si l'un n'a pas la Sécurité sociale, il peut bénéficier de celle de sa ou de son partenaire. Tu vois, le PACS est assez proche du mariage. Il peut aussi être modifié. Et même annulé d'un commun accord, parce que l'un se marie ou meurt. Si tu veux en savoir plus sur le PACS, car on ne peut pas le citer en entier ici. Si toi, ou tes parents désirent en savoir plus sur ce sujet, voir en fin d'ouvrage quelques références.

Comme vous le disiez, on peut ne plus être amoureux ? Comment ça arrive ?

L'oubli de l'attention portée à l'autre est souvent le début d'une rupture. Autre cause du déséquilibre dans un couple malgré des progrès, la femme est encore trop celle qui " fait tout " à la maison, que le couple soit marié ou non. Les " nouveaux " pères, qui participent pour moitié au travail commun, sont encore minoritaires. Et puis l'itinéraire de chacun à l'intérieur du couple, peut parfois entraîner une aspiration différente dans la vie quotidienne. Donc, les parents peuvent changer et ne plus se comprendre. Cela conduit des couples à cesser de s'aimer. Lorsqu' ils sont mariés, on parle de divorce, quand ils ne le sont pas, ils se " séparent ". Cette période est plus ou moins bien vécue, tout dépend de l'amour que chacun s'est porté et du respect que l'on a pour l'autre. Il arrive aussi que des couples se reforment. Si le couple a des enfants, il faut toujours faire très attention à leur expliquer que celui qui part ne les quitte pas et les aime toujours autant. Cette question est très vaste et si tu veux en savoir plus, je te conseille de lire le livre que nous avons publié sur le sujet, *Papa, maman, vous ne vous aimez plus... et moi dans tout ça ?* de Fanny Cohen Herlem.

Aimer
et faire l'amour

Être en bonne santé, entretenir son corps, faire du sport, tout cela est très important si l'on veut séduire et être séduit. Car avant de s'aimer puis de faire l'amour, il faut séduire. Et on est forcément plus attiré par quelqu'un de dynamique et de joyeux que par une personne qui se laisse aller. Et dans tout cela, la beauté physique, qui dépend des goûts de chacun, n'est pas essentielle. Si tu regardes des couples amoureux, amuse-toi, en fonction de tes goûts, à trouver quel est le plus beau des deux. Tu verras, tu seras étonné :

COMMENT ÇA...
LA SÉDUIRE AVANT
DE FAIRE L'AMOUR ?!?

si les deux personnes sont heureuses et s'aiment beaucoup, tu constateras que la beauté n'est pas seulement physique et que le bonheur embellit même le plus laid !

Comment l'amour devient sexualité ?

Comme tu le sais, il faut d'abord séduire. Si tu en as l'occasion, observe deux tourterelles ou deux chats. Ils se rapprochent, se font des câlins, se sentent, se font des bisous, puis ils font l'amour. Eh bien, pour les êtres humains, c'est un peu la même chose, mais avec une grande différence : la parole. Pour séduire, il faut d'abord se plaire, aimer le physique de l'autre, son parfum, sa peau ou sa voix. Ensuite, il suffit parfois d'un simple regard, mais le plus souvent la séduction demande de véritables " travaux d'approche ", tant pour les femmes que pour les hommes. Il faut parler pour se connaître, savoir si l'on possède des points communs, inviter l'autre à déjeuner ou à dîner. Chaque cas est particulier et la séduction dépend alors des deux partenaires. Lorsqu'elle a réussi, c'est le temps du premier baiser qui, en général, dure longtemps, une manière de faire connaissance avec le corps désiré. Car c'est alors que l'on met en pratique la sexualité dont le moteur est le désir de l'autre.

Et comment voit-on que l'on a du désir ?

C'est une sensation à la fois physique et mentale. En séduisant, on commence à ressentir une sorte d'excitation que les scientifiques ont cherchée à identifier. Cette sensation de très grand plaisir augmente avec le premier baiser et n'est pas tout à fait la même chez la femme et chez l'homme. L'important, avant de faire l'amour, et de faire ce

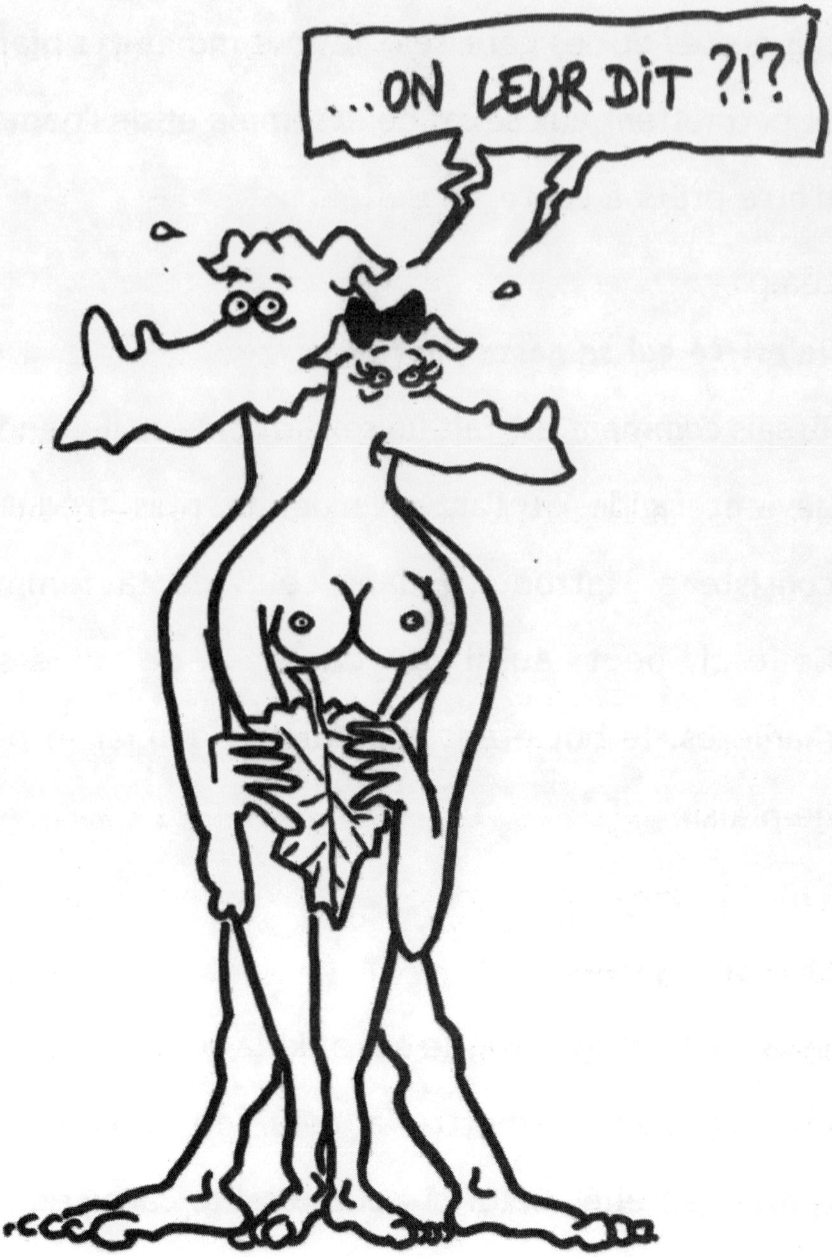
...ON LEUR DIT ?!?

que l'on appelle des " préliminaires ", c'est-à-dire des gestes et des caresses qui font monter le plaisir et permettent aux sexes de la femme et de l'homme d'être prêts à l'acte sexuel.

Qu'est-ce qui se passe pour l'homme ?

Tu sais comment est fait un sexe d'homme. Il grandit, devient rigide et l'acte sexuel le plus fréquent consiste à l'introduire dans celui de la femme. Celle-ci peut aussi le caresser de diverses manières, le but étant toujours de donner le plus de plaisir.

Et pour la femme ?

Sous l'action du désir, le sexe de la femme devient humide pour permettre à celui de l'homme de rentrer en elle. Celui-ci peut aussi le caresser.

C'est comment la première fois

Très important. Il faut absolument prendre son temps, et être très doux, surtout pour la jeune fille : à l'entrée du sexe est située une membrane appelée hymen, qui se déchire dès que le sexe de l'homme entre. Cette déchirure peut être douloureuse, c'est pourquoi il faut être très délicat. On appelle cela perdre son " pucelage ". Même chose pour le jeune homme qui, lui, n'a pas d'hymen, mais doit aussi vivre une expérience riche. Ce qu'il faut savoir c'est que la première fois ce n'est pas toujours " réussi ". L'inquiétude du garçon sur sa virilité, la peur de la fille d'être bousculée, se calment par le respect et l'attention portés à l'autre. Ils doivent apprendre à se connaître, à se découvrir mutuellement. Et puis, il ne faut pas être dans la " performance ", ce n'est sûrement pas un gage d'amour.

BON ... ON ÉTEIND LA LUMIÈRE ?!?

Et comment finit l'acte sexuel ?

Tout au long de l'acte sexuel, les partenaires vont prendre des positions afin d'être mieux et d'augmenter leur plaisir. Ils sentent l'excitation monter, provoquant des soupirs et parfois des petits cris, jusqu'à ce qu'ils atteignent ce que l'on appelle l'orgasme, une sorte de courant électrique qui traverse le corps, fait battre le cœur très vite, et provoque une contraction des muscles. La femme a senti, avant l'orgasme, son sexe se contracter, tandis que l'homme manifeste le sien en éjaculant, c'est-à-dire en expulsant le sperme, liquide où se trouvent les spermatozoïdes. L'orgasme est différent selon les personnes, mais il est toujours un immense moment de jouissance après lequel on se sent épuisé, on peut aussi éprouver du plaisir sans orgasme. À la fin de l'acte sexuel, les spermatozoïdes viennent alors

rencontrer un ovule et si la femme est en période d'ovulation, de cette union naîtra l'enfant. Tu vois, nous sommes tous nés, en principe, d'un grand instant de plaisir !

Peut-on faire l'amour tout seul ?

Tu veux parler de la masturbation, qui consiste à se caresser tout seul ? Ce n'est pas vraiment faire l'amour, tant pour la femme que pour l'homme. C'est une chose naturelle chez les petits enfants qui découvrent ainsi leur corps et chez les plus grands, lorsqu'ils ne peuvent pas encore avoir des relations sexuelles. Contrairement à ce que disent les adversaires du plaisir solitaire, elle ne rend pas sourd, et ce n'est pas immoral, c'est une affaire personnelle !

On peut faire l'amour à tous les âges ?

Dès sa naissance, comme nous l'avons vu, l'enfant sent autour de lui de l'amour, celui de sa mère et de son père, de ses frères et sœurs s'il en a, sans oublier la famille et les amis des parents. Puis, vers trois ans, il prend vraiment conscience de son sexe, et de la différence des sexes. Il joue alors avec sans ressentir l'excitation d'un adulte, mais avec plaisir. C'est une découverte, et c'est au moment de la puberté que tout change.

L'amour et la sexualité changent donc avec l'âge ?

L'amour non, puisqu'il est présent dès la naissance ; il se transforme avec l'âge et prend tous les visages dont nous avons parlé. Mais la sexualité oui.

Et la puberté ? C'est l'adolescence ?

Entre huit et quatorze ans pour les filles, et dix à quinze ans pour les garçons, le corps se met à changer. Les organes sexuels féminins et masculins se forment définitivement, des poils apparaissent sur le corps, on grandit vite. C'est le passage à l'adolescence et le temps des premières expériences sexuelles.

Et on peut avoir une sexualité même très vieux ?

Bien sûr. On a aujourd'hui la chance de vivre

de plus en plus vieux, surtout les femmes, et les personnes de plus de soixante ans sont souvent très en forme. La sexualité ne s'arrête pas à un âge particulier. Il arrive cependant que le corps soit moins performant et que l'homme, surtout, ait besoin d'aide pour que son sexe devienne rigide.

C'est vrai, certains disent qu'on peut augmenter ses performances sexuelles. Est-ce que c'est vrai ?

Le terme de performance s'emploie surtout pour le sport. Et faire l'amour n'est pas un sport, et parler de performance déforme la réalité et le vécu. Cependant on peut se dire qu'il s'agit pour les partenaires de donner le maximum de soi. On parle aussi d'aphrodisiaques, ce sont des substances, en général d'origine végétale, appelés ainsi en référence à Aphrodite, la déesse grecque de l'amour et de la beauté. Il est vrai que quelques végétaux d'Afrique

BON... MAINTENANT ON VA PASSER AUX CHOSES SÉRIEUSES...

et d'Amazonie ont cette réputation, en partie justifiée quand on les consomme avec prudence. Enfin, pour l'alcool, qui avait aussi la réputation d'être aphrodisiaque, la médecine a reconnu que si un verre de vin par jour ne fait pas de mal, un excès peut donner l'effet inverse. Mais tu sais bien qu'il faut être modéré.

Et c'est quoi, l'érotisme et la pornographie ?

L'érotisme, mot qui vient d'Éros, le dieu grec de l'amour, consiste à augmenter le désir, le sien et celui de l'autre. Tous les moyens sont bons en fonction de ce que l'on aime, dans le respect de l'autre. Au XVIIe siècle, voir la cheville d'une femme était très érotique pour un homme. Tout est une question de goût et d'entente. La pornographie, c'est autre chose. Ce mot vient du grec porné (" prostituée ") et de graphe (écrire).

Il s'agit d'histoires obscènes, écrites ou filmées, c'est-à-dire qu'elles présentent le sexe sous une forme horrible ce qui n'est pas la réalité, et où la femme est très souvent considérée comme un objet. La pornographie ne sert pas à apprendre la sexualité : au contraire, elle la déforme. Et surtout, la pornographie ne fait jamais référence à l'amour.

Se protéger, ça veut dire quoi ?

Quand on fait l'amour pour la première fois avec une personne, il est très important, pour l'homme, de mettre un préservatif qui recouvre son sexe. Puis, que chacun des partenaires fasse des analyses pour savoir s'il n'aurait pas une maladie qu'il pourrait transmettre à l'autre. On appelle ça " dépister " une maladie, et on trouve aujourd'hui partout des centres gratuits de dépistage. Quand les résultats de ces analyses sont négatifs pour les deux personnes, l'utilisation d'un préservatif n'est plus nécessaire. Il y a par exemple des maladies dues à des microbes, comme la syphilis (très difficile à soigner), qui, après avoir presque disparu, apparaît à nouveau. C'est pourquoi il faut se protéger, ce qui protège en fait les deux partenaires.

Et la contraception, c'est pareil ?

Non, la contraception consiste, pour la femme, à prendre une pilule qui va empêcher l'ovulation dont nous avons parlé. Elle est donc faite pour lui éviter d'avoir un enfant lorsqu'elle n'en a pas envie, sans lui empêcher d'avoir des relations sexuelles. Pour l'homme, une pilule est toujours étudiée, mais le moyen le plus efficace consiste à mettre un préservatif où viendront se loger les spermatozoïdes au moment de l'orgasme.

Vous n'avez pas parlé du Sida

J'y venais : le sida est, actuellement, un des plus grand risque lors de rapports sexuels, c'est la raison principale pour laquelle on doit se protéger avec un préservatif. Le Sida, apparu au début des années 1980, a tué beaucoup de gens, notamment parmi les homosexuels masculins, dans un premier temps. Son développement touche aussi de plus en plus les autres catégories, de sexe différent, comme les hétérosexuels.

CHOU...
CIGOGNE...
ET PRESERVATIFS !!!

On parle d'homosexuels, c'est quoi

En général, de l'enfance à l'adolescence, on découvre son corps et de nouvelles sensations de plaisir, parfois avec des partenaires du même sexe. Ces jeux n'ont rien d'anormal, et font partie de l'évolution. À l'adolescence, la plupart choisissent l'hétérosexualité. Certaines et certains sont attirés par un partenaire du même sexe, on parle alors d'homosexualité (du grec homos, " semblable ", et du latin sexualis, " sexuel "). Longtemps considérée comme un crime en France, la relation homosexuelle est aujourd'hui mieux connue, et reconnue, notamment par l'action que mènent les homosexuels eux-mêmes qui ne veulent pas être une population à part, une " communauté ", mais des citoyens à part entière, la seule différence étant leur sexualité. Note que les adolescents peuvent avoir des relations amicales, voire amoureuses, fortes avec quelqu'un du même sexe. À l'adolescence on peut avoir peur de l'autre sexe, et le besoin de se reconnaître dans quelqu'un de pareil que soi, il ne s'agit pas pour autant d'homosexualité.

Deux femmes peuvent donc s'aimer ?

Tout à fait, autant sentimentalement que physiquement. On parle alors de lesbiennes, mot qui rappelle l'île de Lesbos, en Grèce, où, il y a deux mille cinq cents ans, les amours entre femmes étaient fréquentes. Elles ne sont donc pas récentes et ont toujours existé. Il faut le reconnaître, on a toujours comparé la lesbienne à un homme " manqué ", avec des épaules de bûcheron et une voix de camionneur. C'est, bien entendu faux, et chacun a pu voir que les lesbiennes étaient avant tout des femmes avec tout ce que cela comporte de beauté, de grâce et de délicatesse. Des gens prétendent qu'elles sont plus nombreuses qu'avant. En réalité, on ne peut compter les homosexuels femmes ou hommes, et cette impression vient surtout du fait que les lesbiennes ne se cachent plus, que des femmes connues avouent leur préférence sexuelle.

C'est la même chose pour les hommes ?

Oui. Les homosexuels sont regroupés sous le nom de gays, un mot américain qui vient du gai français. Ce nom prouve que l'homosexualité est un phénomène mondial, même si elle n'est pas vécue de la même façon dans tous les pays. Il faut que tu saches que, pendant la Seconde Guerre mondiale, les homosexuels ont été pourchassés par les nazis et envoyés dans les camps de concentration, comme d'autres catégories de personnes jugées " anormales ", les malades mentaux par exemple. Et cette " anormalité " a longtemps été le terme préféré pour qualifier l'homosexualité. C'est bien sûr un mensonge, et je trouve que les recherches scientifiques pour montrer que les homosexuels le sont depuis la naissance ou ont des caractéristiques différentes des hétérosexuels (autre sexe) sont dangereuses, elle peuvent amener à une discrimination de cette population.

Bisexuel ? Ça veut dire qu'on peut aussi aimer les deux sexes ?

Bien sûr. Il arrive qu'un ou une hétérosexuel prenne soudain conscience qu'il ou elle est aussi attiré par des gens du même sexe, parfois après le mariage. Dans un couple il arrive que l'on soit, depuis le début d'accord sur cette double attirance. Il faut de toute façon en discuter.

Que faut-il faire quand on sent, ou que l'on croit qu'on est homosexuel ?

En parler, se confier, auprès des personnes en qui on a le plus confiance, et ne surtout pas penser que l'on " avoue " son homosexualité, ce qui voudrait dire que l'on commet une faute. Il arrive aussi que cette homosexualité soit évidente assez tard, et quand on est marié, parfois avec des enfants. Il s'agit d'affaires délicates. Dans tous les cas, si la personne à qui on se confie réagit bien, comme on l'a espéré, on aura eu raison d'avoir confiance. Si sa réaction n'est pas très positive, il faut lui laisser le temps d'y penser et, on l'espère, d'admettre la situation. Si son avis est négatif, il faut être patient sans pour autant essayer de le convaincre. Peut-être arrivera-t-il un jour à comprendre. Il existe aujourd'hui des associations qui aident les homosexuels à faire ces révélations, et à surmonter d'éventuelles difficultés, notamment dans leurs propres familles.

Peut-on avoir des enfants quand on est homosexuels ?

Il arrive que certains aient déjà eu des enfants avant de découvrir leur homosexualité, ou qu'un couple de femmes choisi d'avoir un enfant par insémination artificielle, à l'étranger. À l'hôpital, un médecin implante chez l'une d'elles un de ses ovules fécondé par les spermatozoïdes d'un homme. L'insémination artificielle n'est pas autorisée pour les célibataires en France?. C'est la loi qui l'interdit. Ceux qui sont contre pensent qu'un enfant a naturellement besoin de l'équilibre apporté par le père et la mère ; ceux qui sont pour disent que l'enfant ne manquera pas d'amour de la part de parents qui l'ont tellement désiré.

Les homosexuels peuvent-ils se marier ?

Non, au contraire de certains pays comme la Hollande et les Pays-Bas, le mariage entre homosexuels n'est pas prévu par la loi, et les associations des homosexuels se battent pour que cette forme d'union soit reconnue. En revanche, ils disposent, comme les hétérosexuels, d'une nouvelle forme d'union qui leur donne des droits dans le cadre du concubinage. C'est le PACS dont nous avons déjà parlé, et tu as vu que ce pacte, contrairement à ce que prétendent ceux qui le discutent, n'est pas fait uniquement pour les homosexuels. La loi française ne dit rien de l'adoption par les homosexuels, car la sexualité relève du domaine privé, personnel. Elle autorise l'adoption d'enfant par des couples mariés ou des célibataires. Le PACS ne donne pas droit à l'adoption. Les couples homosexuels qui désirent des enfants, se font soit inséminer à l'étranger, ou bien l'un d'entre eux peut adopter un enfant en tant que célibataire.

Mais, pourquoi la sexualité a-t-elle une si grande importance ?

On considère, depuis Freud, que les racines de la sexualité commencent par le fameux " complexe d'œdipe ".

Ce grand psychanalyste dit : " J'ai trouvé en moi comme partout ailleurs, des sentiments d'amour envers ma mère et de jalousie envers mon père, sentiments qui sont je pense, communs à tous les jeunes enfants ".

Freud est le père de la Psychanalyse, il a défini les processus de la découverte de la sexualité, dès l'enfance, au cours des ses travaux.

Pourquoi de la jalousie ?

Ce complexe chez le garçon apparaît vers 3 ans. L'apparition de sensations voluptueuses spontanées ou/et provoquées, au niveau du pénis (sexe du garçon). L'enfant a l'intuition des jeux sexuels/relations sexuelles susceptibles de les provoquer ces sensations en présence d'un (e) partenaire comme il suppose que cela se produit entre le père et la mère. Il exhibe dès lors son pénis à sa mère et rencontre de son père, d'abord regardé comme le modèle puis le rival.

Et alors ?

Alors, le petit garçon a peur que son père le punisse pour son désir vis-à-avis de sa mère, et donc le castre.

La castration, je ne comprends pas !

La castration dans ce cas, est bien sûr imaginaire. Il ne s'agit, évidement pas, de couper le sexe de l'enfant, ce n'est qu'une peur (un fantasme) et non une réalité.

Nous avons tous cette peur ?

Consciemment ou non, le plus souvent, elle fait partie de notre construction, déjà tout petit, de notre sexualité qui se développe, prends forme.

Donc, le petit garçon...

Pour le petit garçon, donc, s'il veut échapper à cette situation, est conduit à renoncer à la satisfaction sexuelle avec sa mère (se marier avec elle, lui faire un enfant). Mais il continue à s'identifier à son père, ce qui le conduit à chercher comme lui, une femme qu'il aimera, et dont il sera aimé, et il pourra faire un enfant. Il aura résolu, alors, son complexe d'œdipe.

Et pour les filles, qu'est-ce qui se passe ?

La petite fille découvre que sa mère n'a pas de pénis. Elle voit que son père en a un, et elle désire alors un enfant de son père (se marier avec papa). La castration, pour elle c'est aussi de réaliser que cela ne se fera jamais. Elle se détourne alors vers d'autres hommes, et sa mère ne sera plus sa rivale et pourra être un modèle.

C'est compliqué ce complexe d'œdipe

C'est surtout compliqué à expliquer. Cela définit, pour une en grande partie notre équilibre amoureux, et ainsi le départ d'une sexualité plus ou moins équilibrée pour chacun.

Et c'est vrai pour tout le monde ?

On considère que c'est la même chose pour tous les hommes et toutes les femmes. Bien sûr cela paraît un peu compliqué, et surtout bizarre que l'on puisse imaginer des choses qui nous semblent aussi terribles envers, et de la part de nos parents. Mais rassure-toi, cette analyse très élaborée est le reflet d'une évolution qui se passe en nous, très simplement pour la plupart des gens.

Papa, et maman ont connu ça aussi ?

Oui, sans en avoir conscience peut-être. Pour résumer, les modèles du père et de la mère, dans l'identification, sont la démarche tout à fait naturelle pour grandir et devenir une femme, un homme équilibré et heureux. Et l'amour est le fil conducteur de l'apprentissage de la sexualité.

L'inceste

On parle d'inceste lorsqu'il existe une relation physique entre deux personnes de la même famille (père-fille, frère-sœur, mère-fils, etc.)

L'inceste peut prendre deux formes ; soit il s'agit de consentement réciproque (les deux personnes sont d'accord), soit sous une forme imposée par un individu (souvent adulte) sur la personne dépendante (souvent un enfant).

Que font les enfants victimes de l'inceste ?

Pour se protéger, il faut bien comprendre, que malgré l'obéissance qu'un enfant doit aux adultes, il y a des comportements qu'un enfant ne doit accepter de quiconque, même des gens qu'il connaît.

Il faut que tu te souviennes, que les adultes - et tout particulièrement les parents - sont là pour protéger les enfants et non pour leur faire du mal. Donc, tout ce qui te sembles bizarre, tu dois en parler à un adulte en qui tu as confiance, et les adultes doivent te prendre au sérieux et écouter ce que tu as à leur dire.

Et ça arrive quand ?

On sait que la plupart des incestes concernent les mineurs, plus souvent les filles, entre 4 et 11 ans. Ces actes peuvent survenir une seule fois, mais souvent cette pratique se répète. Certaines jeunes filles ont ainsi subi un inceste pendant des années.

Qu'est-ce qu'il faut faire ?

Nous savons, que les enfants imaginent toujours être les seuls à qui cela arrive.

Il est, bien sur très difficile, pour un enfant à

qui cela arrive d'en parler. Si l'un, ou l'une de tes camarades te fait ce type de confidence, tu dois l'aider à se confier à un adulte qui prendra la situation en main, en consultant un psychologue, un médecin, la famille.

Il faut que tu saches, également, qu'une situation d'inceste n'est pas à banaliser. Elle ne peut se régler "en famille". Il y a transgression de la loi. La société doit rétablir le droit en reconnaissant d'une part l'agressé(e) comme victime et d'autre part l'agresseur comme personne ayant porté préjudice à autrui.

La Pédophilie

La pédophilie signifie "amour des enfants", cela pourrait être très beau !

En fait les pédophiles sont des personnes qui

aiment sexuellement des enfants qui ne sont pas en âge d'avoir des relations sexuelles.

Ces personnes la ne semblent pas capables de faire la différence entre les enfants et les adultes. Ce sont des personnes perturbées sur le plan de leur vie psychique et de leur développement.

Mais, on entend parfois dire que des enfants cherchent ces relations ?

En fait les enfants cherchent des relations affectives, et ces adultes en abusent en confondant demande d'amour et demande de sexualité. La demande de sexualité est la leur.

La pédophilie est un acte réprimé par la loi.

Et si ça m'arrive ?

Il faut toujours en parler soit à tes parents, soit à quelqu'un en qui tu as confiance. Tu ne dois surtout pas savoir honte.

Le viol

Le viol est une relation sexuelle par contrainte.

C'est obliger quelqu'un qui ne le veut pas à avoir une relation sexuelle.

C'est quelque chose d'affreux pour celui qui le subit.

Parfois des garçons se mettent en bande pour violer une fille, c'est un phénomène de groupe et il ne faut jamais se laisser prendre à ça.

Là aussi, il faut toujours en parler à une personne de confiance.

Et si on résumait ce que l'on vient de se dire ?

• L'Amour, est le sentiment le plus fort de l'humanité.

• On est amoureux lorsqu'on se sent attiré par l'autre.

• Il n'y a pas de modèle d'amour.

• Un enfant peu être amoureux.

• Aimer deux personnes à la fois, c'est affaire de respect.

• Les parents aiment tous leurs enfants.

•L'Amour, n'est pas si facile !

• Il faut parler pour éviter les disputes.

• Une mère qui attend un enfant, peut faire l'amour.

- Le mariage est une belle histoire.
- Le PACS est une affaire différente du mariage.
- L'oubli d'attentions portées à l'autre, détruit l'Amour.
- Le désir se glisse entre les amoureux.
- La première fois, ce n'est pas toujours "réussi".
- L'acte sexuel est un échange merveilleux.
- La masturbation est une affaire personnelle.
- L'Amour entre un homme et une femme passe par la sexualité.
- L'adolescence c'est le passage aux premières expériences.
- L'acte d'Amour n'est pas l'objet de performances.
- La pornographie présente le sexe comme un objet.
- Mettre un préservatif, c'est se protéger.

• La contraception est faite pour choisir.

• L'homosexualité est une affaire privée.

• Si l'on croit être homosexuel,

il faut en parler.

• Les homosexuels ne peuvent pas se marier.

• La sexualité est importante,

elle définit notre équilibre.

• La pédophilie est un crime.

• Les viols collectifs (ou *les tournantes*)

sont l'exemple du non respect des filles.

Quelques sites utiles

Le site Internet du ministère de la Justice (http//www.justice.gouv.fr/)

Centre interministériel de renseignements administratifs ou CIRA

(http//:cira.admifrance.gouv.f),et téléphone (01 40 01 11 25).

http://www.oedipe.org

www.internet-mineurs.gouv.fr

www.defenseurdesenfants.fr/

Achevé d'imprimer en France par l'Imprimerie Hérissey à Évreux
Dépôt légal : mars 2003 – N° d'impression : 94485